KB197306

만점 받는
어휘
사전

3학년 과학

만점 받는 어휘 사전 [3학년 과학]

글보라(초등 교사 국어 교과 가평 모임) 글 양미연 그림
초판 1쇄 발행일 2025년 2월 10일
펴낸이 박봉서 **펴낸곳** (주)크레용하우스 **출판등록** 제1998-000024호
편집 이민정·최은지 **디자인** 이혜인 **마케팅** 한승훈·신빛나라 **제작** 김금순
주소 서울 광진구 천호대로 709-9 **전화** (02)3436-1711 **팩스** (02)3436-1410
인스타 @crayonhouse.book **이메일** crayon@crayonhouse.co.kr

ISBN 979-11-7121-163-0 74700

만점 받는 어휘 사전

3학년 과학

글보라(초등 교사 국어 교과 가평 모임) 글 | 양미연 그림

크레용하우스

어휘 공부도 연습이 필요해

1, 2학년 통합 교과서와는 달리 3학년 과학 교과서에는 새로운 낱말들이 많이 나옵니다. "탈바꿈이 뭐예요?" "대기는 공기라는 뜻이죠?" "신소재가 뭐예요?"

학생들의 쏟아지는 질문에 과학 시간은 국어 시간이 됩니다. 새로운 낱말의 뜻을 배우다 보면 과학 교과에 대해 온전히 공부하지 못할 때가 있습니다. 많은 선생님들이 새로운 낱말의 뜻을 설명하다 보니 수업 시간이 부족하다고 느끼죠. 학생들도 새로운 낱말을 이해하지 못하면 개념을 바탕으로 실험을 해야 하는 과학 교과가 어렵게 느껴집니다. 학생과 선생님들 모두 과학 교과를 공부할 때 낱말의 이해와 관련 지식의 배움이 함께하지 못해 어렵다고 합니다. 낱말의 이해에 많은 시간이 필요하고 지식의 활용 및 가치 탐구 시간은 상대적으로 부족하기 때문입니다. 교과 공부의 목표는 지식의 활용과 새로운 가치 탐구, 진로 탐구입니다. 따라서 과학 교과의 모든 영역에 대한 공부를 수월하게 하기 위해서는 관련 낱말을 살펴보는 공부가 필요합니다.

초등학교 3학년부터 본격적으로 시작하는 교과별 공부에서 낱말의 뜻을 이해하는 것은 배움의 시작입니다. 여러 상황에서 새로운 낱말을 찾아 뜻을 살필 수 있어야 합니다. 그래서 다양한 방법으로 새로운 낱말을 배우는 연습이 필요합니다. 배움의 과정에서는 늘 새로운 낱말들이 나옵니다. 교과서뿐 아니라 선생님과 학생이 주고받는 말에서도 많은 새로운 낱말들을 만나게 됩니다. 따라서 교과서에 나오는 낱말도 배우고 학생 스스로 새로운 낱말을 살펴 뜻을 찾는 방법을 배우는 교재가 필요합니다. 그러기 위해 낱말의 단순한 이해와 쓰기가 아니라, 문해력을 바탕으로 낱말의 뜻을 생각하는 활동이 중심이 되는 교재여야 합니다.

이 책은 낱말을 배우고 그 낱말과 연결된 새로운 낱말을 찾아서 공부하도록 구성했습니다. 또 학생들의 눈높이와 낱말의 계열성을 고려한 분류 방법으로 배움 낱말을 선정하여 쉽게 배울 수 있는 교재를 만들었습니다.

이 책은 학교별로 선택하여 사용하고 있는 3학년 검인정 과학 교과서를 모두 분석하여 찾은, 학생들이 알아야 하는 주요 낱말을 다루고 있습니다. 출판사별 교과서의 영역과 단원이 비슷하기에 모든 교과서에 다 적용할 수 있습니다. 이 책의 영역과 단원은 과학 교과서 영역과 단원을 그대로 반영하였는데 단원의 처음에는 중심 낱말을 바탕으로 한 성취 기준을 제시하여 단원 학습의 이해를 도왔습니다.

이 책의 기획과 개발에 직접 학생들을 가르치고 있는 여러 명의 선생님들이 참여했습니다. 수십 년 간의 교육 경험을 바탕으로 학생들의 어휘력 수준을 함께 분석하고 그 결과를 살펴 3학년 과학 교과서의 주요 낱말을 선정했습니다. 또한 학교에서 십여 년 이상 배움 중심의 수업을 하며 얻은 사례를 참고하여 학생들이 스스로 공부하는 법을 배우는 교재를 만들었습니다. 학생들이 자신의 삶을 가꾸어 갈 때 가장 필요한 것은 배움에 대한 진지하고 꾸준한 자세입니다. 그러한 배움의 기초가 되는 낱말을 꾸준히 공부하면 새로운 낱말에 대한 탐구 태도가 향상되고 그 과정에서 진정한 배움을 경험하게 될 것입니다.

2025년 2월 가평에서

글보라 씀

이 책의 구성

★ 천천히 읽어 보아요 에서는

만화나 이야기 속에 들어 있는 새로운 낱말과 이미 알고 있었던 낱말과의 관계를
살피며 낱말의 쓰임으로 뜻을 생각해 볼 수 있습니다. 낱말만 배우는 것이 아니라
단원의 주제와 관련하여 여러 낱말의 개념을 연결해 뜻을 이해할 수 있습니다.

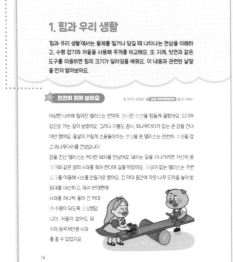

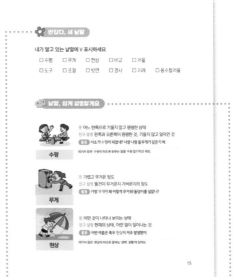

 반갑다, 새 낱말 에서는

각 단원에서 배우는 새로운 낱말 중에
내가 알고 있는 낱말이 있는지 살피며
자연스럽게 모르는 낱말에 대한
호기심을 가지게 됩니다.

 낱말, 쉽게 설명할게요 는

낱말의 뜻을 풀이하고 활용 예시를
제시했습니다. 필요한 경우 또래 친구들의
낱말에 대한 설명을 넣어 더 쉽게 낱말의
뜻을 살펴볼 수 있습니다. 낱말마다
그림을 통해 뜻을 확인할 수 있습니다.

✅ 낱말, 확인해 보아요 에서는

낱말의 뜻과 쓰임을 복습할 수 있도록 다양한 문제를 냈습니다. 온전한 개념 이해를 위해 낱말의 뜻을 찾아보는 문제, 문해력 향상을 위한 생각 중심의 문제 등 창의적 문제 해결력을 높이기 위해 단순 반복적인 문제는 피했습니다.

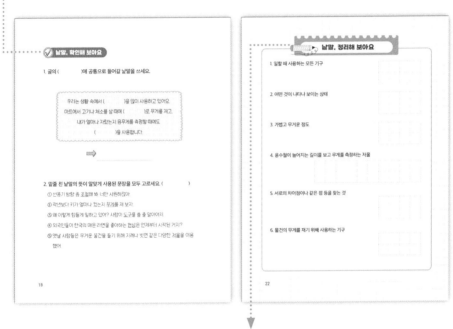

✏️ 낱말, 정리해 보아요 에서는

각 단원에서 배운 낱말을 떠올리며 알맞은 낱말을 써 봅니다. 글씨를 바르게 쓰는 연습을 할 수 있습니다.

과학은 탐구에서 시작해요

탐구란 진리나 학문 따위를 깊이 파고들어 연구하는 것을 말해요. 과학에 필요한 탐구 활동은 무엇이 있는지 먼저 짚어 보면 과학자의 모습에 한 걸음 더 가까워질 수 있답니다.

관찰은 사물이나 현상을 자세히 살펴보는 것이에요. 눈으로 보고, 코로 냄새 맡고, 입으로 맛을 보고, 귀로 듣고, 손으로 만져 볼 수 있어요.

 눈, 코, 입, 손을 모두 사용하여 사탕을 관찰해 보세요.

측정은 기계나 도구를 이용해 어떤 것의 크기나 양을 재는 일이에요. 자, 온도계, 저울 같은 기구를 사용하여 길이, 온도, 무게 등을 측정해요.

 건강 검진에서 키와 몸무게를 측정해 본 적 있나요?

기준이란 분류할 때 기본이 되는 것으로 꽃을 나눌 때 색깔로 나눌지, 피는 계절로 나눌지가 분류 기준이 돼.

분류는 기준에 따라 가르거나 모으는 것이에요.
사물의 특징을 관찰하여 공통점과 차이점을 찾고 기준을 세워 분류해야 해요.

 우리 반 친구들은 성별을 기준으로 남자와 여자로 분류할 수 있어요.

예상은 앞으로 일어날 일을 미리 생각해 보는 거예요.
관찰한 결과를 바탕으로 앞으로 어떤 일이 일어날지 예상해요. 뜻밖의 상황이 발생할 경우 예상이 틀릴 수도 있답니다.

 시간이 지날수록 달의 모양이 어떻게 변할지 예상해 봐요.

추리는 알고 있는 사실을 바탕으로 미루어 생각하는 거예요.
추리는 과거의 경험에 따라 다를 수 있어요. 똑같은 하얀 가루를 봤을 때 밀가루를 본 적이 있는 사람은 밀가루라고 생각할 수 있고, 폭탄을 본 적이 있는 사람은 폭탄 가루라고 생각할 수도 있겠지요?

 발자국 크기와 모양을 보고 공룡의 종류와 크기를 추리할 수 있어요.

① 힘과 우리 생활

수평	무게	현상	비교
저울	도구	조절	빗면
경사	지레	용수철저울	

1. 힘과 우리 생활

'힘과 우리 생활'에서는 물체를 밀거나 당길 때 나타나는 현상을 이해하고, 수평 잡기와 저울을 사용해 무게를 비교해요. 또 지레, 빗면과 같은 도구를 이용하면 힘의 크기가 달라짐을 배워요. 이 내용과 관련된 낱말을 먼저 알아보아요.

 천천히 읽어 보아요   잘 모르는 낱말은 🥔 낱말, 쉽게 설명할게요! 를 참고해요!

이상한 나라에 떨어진 앨리스는 언덕의 경사진 빗면을 힘들게 올랐어요. 드디어 집으로 가는 길이 보였어요. 그러나 기쁨도 잠시, 외나무다리가 있는 큰 강을 건너야만 했어요. 물살이 거칠게 소용돌이치는 현상을 본 앨리스는 천천히 수평을 잡고 외나무다리를 건넜답니다.

강을 건넌 앨리스는 커다란 돼지를 만났어요. 돼지는 길을 지나가려면 자신의 몸무게와 같은 양의 사과를 줘야 한다며 길을 막았어요. 저울이 없는 앨리스는 주변 도구를 이용해 시소를 만들기로 했어요. 긴 막대 중간에 작은 나무 도막을 놓아 받침대를 대신하고, 돼지 반대편에 사과를 하나씩 올려 긴 막대가 수평이 되도록 조절했답니다. 저울이 없어도 돼지의 몸무게만큼 사과를 줄 수 있었지요.

반갑다, 새 낱말

내가 알고 있는 낱말에 V 표시하세요.

☐ 수평　　☐ 무게　　☐ 현상　　☐ 비교　　☐ 저울

☐ 도구　　☐ 조절　　☐ 빗면　　☐ 경사　　☐ 지레　　☐ 용수철저울

낱말, 쉽게 설명할게요

수평

뜻 어느 한쪽으로 기울지 않고 평평한 상태

친구 설명 왼쪽과 오른쪽이 평평한 것, 기울지 않고 일자인 것

활용 시소가 수평이 되었네? 너랑 나랑 몸무게가 같은가 봐.

여기서 잠깐: 수평이 되도록 맞추는 일을 '수평 잡기'라고 해요.

무게

뜻 가볍고 무거운 정도

친구 설명 물건이 무거운지 가벼운지의 정도

활용 가방 무게가 왜 이렇게 무거워! 돌덩이를 넣었니?

현상

뜻 어떤 것이 나타나 보이는 상태

친구 설명 현재의 상태, 어떤 일이 일어나는 것

활용 이번 여름은 폭우 현상이 자주 발생했어.

여기서 잠깐: 현상의 비슷한 말에는 '상태' '상황'이 있어요.

비교

뜻 서로의 차이점이나 같은 점 등을 찾는 것
친구 설명 물건이나 물체를 보고 무엇이 같고 무엇이 다른지 보
는 것

활용 어느 콜라가 맛있는지 둘을 비교해 보자.

저울

뜻 물건의 무게를 재기 위해 사용하는 기구
친구 설명 무게를 재는 물건

활용 몸무게는 체중계로 재잖아. 요리할 때 쓰는 저울 이름은 뭐야?

도구

뜻 일할 때 사용하는 모든 기구
친구 설명 무엇을 만들거나 실험할 때 필요한 물건

활용 실험할 때 사용한 도구는 제자리에 갖다 놓자.

조절

뜻 적당하게 맞추는 것
친구 설명 약하지도 강하지도 않게 적당히 하는 것

활용 요리할 때 소금양을 조절하지 못하면 너무 싱겁거나 짜.

빗면

뜻 비스듬한 면

활용 썰매를 타고 눈썰매장 빗면을 빠르게 내려오면 엄청 재미있어.

16

경사

뜻 바닥이 한쪽으로 기울어진 상태

친구 설명 가파른 것, 길을 갈 때 오르막길처럼 비스듬함

활용 경사진 비탈길에서 자전거를 함부로 타면 다칠 수 있어.

지레

뜻 지렛대의 준말로 무거운 물건을 움직일 때 쓰는 막대기

활용 지레를 사용하면 바위를 쉽게 옮길 수 있어.

용수철저울

뜻 용수철이 늘어지는 길이를 보고 무게를 측정하는 저울

활용 용수철저울을 한번 만들어 보자.

1. 글의 (　　　　　)에 공통으로 들어갈 낱말을 쓰세요.

> 우리는 생활 속에서 (　　　　　)을 많이 사용하고 있어요.
>
> 마트에서 고기나 채소를 살 때에 (　　　　　)로 무게를 재고,
>
> 내가 얼마나 자랐는지 몸무게를 측정할 때에도
>
> (　　　　　)을 사용합니다.

⇒ ....

2. 밑줄 친 낱말의 뜻이 알맞게 사용된 문장을 모두 고르세요. (　　　　　)

① 선풍기 방향 좀 조절해 봐. 너만 시원하잖아.

② 작년보다 키가 얼마나 컸는지 무게를 재 보자.

③ 왜 이렇게 힘들게 일하고 있어? 사람이 도구를 쓸 줄 알아야지.

④ 외국인들이 한국의 매운 라면을 좋아하는 현상은 언제부터 시작된 거지?

⑤ 옛날 사람들은 무거운 물건을 들기 위해 지레나 빗면 같은 다양한 저울을 이용

했어.

3. 낱말의 뜻을 바르게 설명한 것을 고르세요. (   )

① **빗면**: 빛이 비치는 면

② **도구**: 어떤 것이 나타나 보이는 상태

③ **지뢰**: 땅에 묻혀 있고 밟으면 폭발하는 무기

④ **저울**: 물건의 무게를 재기 위해 사용하는 기구

⑤ **조절**: 원래부터 지니고 있는 그것만의 특징이나 성질

4. 그림이 설명하는 것이 무엇인지 보기 에서 글자를 찾아 낱말을 완성해 보세요.

보기	울	철	조	자	가	용	영	표
	돈	절	수	저	나	시	점	리

5. 다음 '지레'의 뜻을 보고 나머지와 뜻이 다른 하나를 고르세요. (   )

지레¹ 「명사」

무거운 물건을 움직이는 데 쓰는 막대기

(예) 바위를 지레로 옮기다

지레² 「부사」

어떤 일이 일어나기 전 또는 어떤 기회나 때가 무르익기 전에 미리

(예) 도둑이 경찰차를 보고 지레 놀라 달아났다.

① 시소와 병따개는 지레의 원리를 이용했어.

② 지레는 막대를 이용해 힘을 전달하는 도구야.

③ 힘이 약한 동생이 지레로 큰 상자를 들어서 깜짝 놀랐어.

④ 옛날 사람들은 무거운 물건을 들기 위해 지레를 이용했어.

⑤ 시험 점수가 나빠서 지레 겁먹었는데 다행히 혼나지 않았어.

6. 밑줄 친 낱말과 바꾸어 사용할 수 있는 것을 모두 고르세요. (   )

건조한 날씨로 인해 전국 곳곳에서
산불이 일어나는 현상이 계속되고 있습니다.

① 물질   ② 분류   ③ 상태   ④ 상황   ⑤ 용도

7. '수평'의 뜻을 알고 바르게 사용한 친구의 이름을 모두 쓰세요.

> 지환: 책상의 수평이 안 맞으니까 컵에 든 물이 자꾸 쏟아지잖아.
>
> 세은: 내일이 시험인데 어찌 그리 수평하게 낮잠을 자니?
>
> 이안: 눈썰매는 역시 수평인 곳에서 타야 속도가 빨라 재미있어.
>
> 동하: 돌탑을 쌓을 때는 수평이 잘 맞아야 쓰러지지 않는다니까.

⇒ ....

8. '빗면'의 뜻이 알맞게 사용된 문장을 모두 고르세요. (   )

① 평평한 들판의 빗면을 따라 한참 걸어가면 우리 집이 보여.

② 미끄럼틀의 빗면은 경사가 높을수록 재미있지만 위험하기도 해.

③ 빛이 비추는 잔잔한 호수의 빗면은 정말 눈이 부셔.

④ 텐트의 빗면을 따라 빗물이 흘러내리고 있어.

⑤ 비탈진 산의 빗면에는 나무를 많이 심어야 산사태가 일어나지 않아.

9. 보기 에서 2개의 단어를 골라 짧은 글을 쓰세요.

| 보기 | 무게 | 비교 | 도구 | 조절 | 경사 | 수평 |

....

....

낱말, 정리해 보아요

1. 일할 때 사용하는 모든 기구

2. 어떤 것이 나타나 보이는 상태

3. 가볍고 무거운 정도

4. 용수철이 늘어지는 길이를 보고 무게를 측정하는 저울

5. 서로의 차이점이나 같은 점 등을 찾는 것

6. 물건의 무게를 재기 위해 사용하는 기구

7. 어느 한쪽으로 기울지 않고 평평한 상태

8. 적당하게 맞추는 것

9. 지렛대의 준말로 무거운 물건을 움직일 때 쓰는 막대기

10. 비스듬한 면

11. 바닥이 한쪽으로 기울어진 상태

② 동물의 생활

생활 방식   환경   모방

적합   극지방   용도

도감   설계

2. 동물의 생활

'동물의 생활'에서는 여러 가지 동물의 특징을 관찰하고, 환경에 따라 달라지는 동물의 생김새와 생활 방식에 대해 배웁니다. 내용과 관련된 낱말을 먼저 알아보아요.

 천천히 읽어 보아요   잘 모르는 낱말은 낱말, 쉽게 설명할게요 를 참고해요!

오늘은 동물의 생김새와 생활 방식을 연구하는 과학자를 만나 보겠습니다.

안녕하세요, 여러분! 동물은 환경에 따라 생김새와 생활 방식이 달라요. 추운 극지방에 사는 북극여우는 귀가 작고 두꺼운 흰 털을 가지고 있지요.

이러한 동물의 특징을 더 자세히 살펴보려면 어떻게 해야 하나요?

동물도감에서 더 자세히 살펴볼 수 있어요.

자, 그럼 동물의 생김새와 생활 방식을 관찰하고 모방해 우리 생활에서 사용할 수 있도록 설계된 물건을 살펴볼까요?

내가 알고 있는 낱말에 V 표시하세요.

☐ 생활 방식 ☐ 환경 ☐ 모방 ☐ 적합

☐ 극지방 ☐ 용도 ☐ 도감 ☐ 설계

낱말, 쉽게 설명할게요

생활 방식

뜻 사람이나 동물이 주어진 환경에 알맞게 살아가는 방법
친구 설명 걷거나 뛰거나 사냥하거나 음식을 먹거나 하는 등 생활하는 방법
활용 사막여우는 사막에 살아서 생김새와 생활 방식이 달라.

환경

뜻 생물이 살아가는 주위의 상태
친구 설명 우리가 살아가는 곳의 상황
활용 자연 환경을 보호하기 위해서는 쓰레기를 함부로 버리면 안 돼.

모방

뜻 다른 것을 보고 그것을 본뜨거나 본받음
친구 설명 무엇인가를 따라 하는 것
활용 남의 것을 모방만 하면 스스로 배울 수 없습니다.

적합

뜻 일이나 조건 등에 꼭 알맞음

친구 설명 무언가에 딱 어울려 좋다

활용 오늘은 정말 수영하기에 적합한 날씨야.

극지방

뜻 지구의 가장 북쪽과 남쪽으로 매우 추운 곳

친구 설명 지구의 가장 남쪽과 북쪽

활용 극지방의 날씨는 매우 추워 사람이 살기 힘들어.

용도

뜻 어떤 일이나 물건의 쓰임새

친구 설명 어떤 물건의 사용 방법

활용 너는 용돈을 주로 어떤 용도로 사용하니?

도감

뜻 그림이나 사진을 넣어 자세히 설명한 책

친구 설명 무엇인가를 설명하는 글과 그림이 들어간 사전

활용 수목원에서 보았던 예쁜 꽃의 이름과 특징을 식물도감에서 찾아
보았어.

설계

뜻 계획을 세움. 건축이나 기계를 만들 때 세우는 계획

친구 설명 무엇을 만들 때 먼저 머릿속으로 상상하는 것, 만들기
전 계획

활용 집을 짓기 위해서는 반드시 설계가 필요하지?

여기서 잠깐: 생활 속에서 각종 계획을 세우거나 재활용품으로 장난감 자동차를 만들기
위한 계획도 모두 설계에 포함돼요.

1. 낱말의 뜻을 바르게 설명한 것을 모두 고르세요. (   )

① **용도**: 어떤 일이나 물건의 쓰임새

② **도감**: 원하는 바를 계획해 도면 등으로 표시함

③ **적합**: 일이나 조건 등에 꼭 알맞음

④ **설계**: 다른 것과 비교해 더 눈에 뜨이는 점

⑤ **생활 방식**: 생각이나 느낌을 말이나 몸짓 등으로 나타냄

2. 밑줄 친 낱말을 알맞게 사용한 사람을 모두 쓰세요.

지은: 극지방으로 여행을 가기 위해 슬리퍼와 반팔만 챙겼어.

예지: 과학 숙제를 하기 위해 민들레를 도감에서 찾아보았어.

민호: 어제 미술 시간에 미래 도시를 상상해서 모방했어.

준우: 환경에 따라 동물들의 생활 방식이 다르대.

3. 보기 의 글자들을 모아서 (   ) 안에 들어갈 알맞은 낱말을 쓰세요.

보기   설 정 감 자 경 계 환 영 도 시

① 낙타의 특징과 사는 곳 등을 도서관에 있던 동물(   )에서 찾아봤어.

② 우리가 살아가는 자연 (   )을 보호하기 위해 앞으로 가까운 거리는 자전거를 타고 다니기로 했어.

③ 오늘 미술 시간에는 내가 살고 싶은 집을 (   )하고, 여러 재료들로 집을 직접 만들어 보았어.

4. (   ) 안에 들어갈 알맞은 낱말을 보기 에서 찾아 글을 완성하세요.

보기   도감   모방   생활 방식   극지방

동물이 살아가는 환경에 따라 동물의 생김새와 (㉠)이 달라집니다. 추운 (㉡)에 사는 황제펭귄은 체온을 유지하기 위해 무리를 지어 살아갑니다. 과학자들은 이런 동물이 가진 독특한 특징을 관찰하고 (㉢)하여 생활 속에서 활용합니다.

㉠ (   )   ㉡ (   )   ㉢ (   )

5. '적합'이라는 낱말이 잘못 쓰인 문장은 어느 것인가요? (   )

   ① 운동장에서 체육하기에 적합할 만큼 미세먼지가 심해.

   ② 이 털장갑과 목도리는 추운 겨울 날씨에 적합해.

   ③ 주어진 문장에 적합한 낱말을 찾아 문제를 풀어 봐.

   ④ 이 장난감은 안전 기준을 통과해서 적합 판정을 받았어.

   ⑤ 이 땅은 너무 거칠어서 농사 짓기에 적합하지 않아.

6. 보기 에서 2개 이상의 낱말을 골라 짧은 글을 쓰세요.

보기	환경	생활 방식	도감
	용도	모방	설계

....

....

....

....

1. 생물이 살아가는 주위의 상태

2. 지구의 가장 북쪽과 남쪽으로 매우 추운 곳

3. 다른 것을 보고 그것을 본뜨거나 본받음

4. 일이나 조건 등에 꼭 알맞음

5. 사람이나 동물이 주어진 환경에 알맞게 살아가는 방법

6. 계획을 세움. 건축이나 기계를 만들 때 세우는 계획

7. 그림이나 사진을 넣어 자세히 설명한 책

8. 어떤 일이나 물건의 쓰임새

❸ 식물의 생활

채집	잎(잎맥, 잎몸, 잎자루)	
톱니	갈래	가장자리
물살	갈고리	촉감

3. 식물의 생활

'식물의 생활'에서는 여러 가지 식물의 특징을 관찰하고, 환경에 따라 달라지는 식물의 생김새와 생활 방식에 대해 배웁니다. 내용과 관련된 낱말을 먼저 알아보아요.

⭐ 천천히 읽어 보아요   잘 모르는 낱말은 🐷 낱말, 쉽게 설명할게요 를 참고해요!

내가 알고 있는 낱말에 V 표시하세요.

☐ 채집   ☐ 잎맥   ☐ 잎몸   ☐ 잎자루   ☐ 톱니

☐ 갈래   ☐ 가장자리   ☐ 물살   ☐ 갈고리   ☐ 촉감

낱말, 쉽게 설명할게요

채집

뜻 식물, 곤충, 돌 등을 찾아서 모으는 일

친구 설명 곤충을 잡거나 꽃잎, 식물 뿌리 같은 것을 모으는 것

활용 엄마가 어릴 때는 여름 방학이면 식물이나 곤충을 채집하는 숙제가 있었지.

잎맥

잎몸

잎자루

잎

뜻 식물의 잎은 대개 잎몸이 잎자루에 연결되어 줄기에 붙어 있고 잎몸에는 잎맥이 있어 줄기에서 올라오는 물을 잎몸 구석구석으로 전달해 준다

활용 잎을 관찰해 보면 잎맥, 잎몸, 잎자루를 볼 수 있어.

톱니

뜻 잎 가장자리에 나 있는 뾰족뾰족한 모양

친구 설명 잎의 끝부분에 날카로운 이빨같이 되어 있는 것

활용 잎의 톱니가 날카로워서 손끝을 베었어.

여기서 잠깐: 톱니는 '톱의 가장자리에 있는 뾰족뾰족한 이빨'을 뜻하기도 해요.

갈래

뜻 하나에서 둘 이상으로 갈라져 나간 부분들
친구 설명 여러 가지로 갈라져 나누어진 것
활용 길이 두 갈래로 나누어져 있네. 너는 어느 길로 가고 싶니?

가장자리

뜻 사물이나 장소의 가장 바깥쪽 경계선
친구 설명 어떤 것의 가장 끝, 테두리
활용 비스킷을 아껴 먹으려고 가장자리부터 야금야금 베어 먹었다.

물살

뜻 물이 흘러가며 내보이는 힘
친구 설명 물이 약하게 흐르거나 세게 흐르는 힘
활용 연어는 알을 낳기 위해 거친 물살을 거슬러 올라간다.

갈고리

뜻 끝이 뾰족하게 구부러진 물건
친구 설명 끝이 휘어진 모양을 한 물건으로 무언가를 걸거나 낚시할 때 쓰이는 것
활용 후크 선장의 갈고리는 정말 무시무시해 보여.

촉감

뜻 무엇이 피부에 닿았을 때의 느낌
친구 설명 피부로 느껴지는 느낌들, 부들부들 까칠까칠 등
활용 이 곰 인형의 촉감은 매우 부들부들하고 따뜻해.

1. 그림의 빈칸에 알맞은 말을 쓰세요.

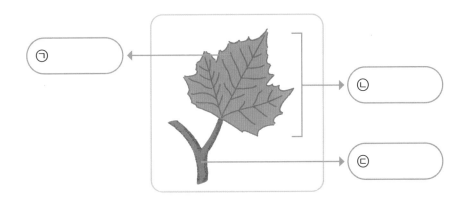

2. 그림과 친구 설명에 어울리는 낱말을 쓰세요.

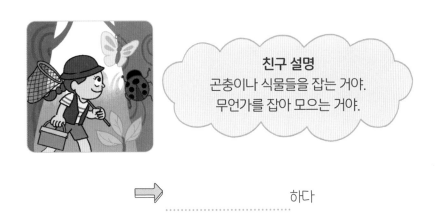

친구 설명
곤충이나 식물들을 잡는 거야.
무언가를 잡아 모으는 거야.

⇒ .... 하다

3. 밑줄 친 낱말을 잘못 사용한 사람을 모두 고르세요. (   )

① **선우**: 잎몸이 아파서 치과에 다녀왔어.

② **이서**: 오늘은 머리카락을 두 갈래로 나누어 묶어 보았어, 어때?

③ **성하**: 낚싯바늘은 갈고리 모양으로 생겨서 물고기를 낚기에 좋아.

④ **지윤**: 계곡에 놀러 갔다가 물살이 센 곳에서 슬리퍼가 벗겨졌지 뭐야.

⑤ **민성**: 양궁은 화살이 과녁의 가장자리에 꽂힐수록 점수가 높아.

4. 보기 의 글자들 중 알맞은 것을 모아서 다음 그림에 알맞은 낱말을 만드세요.

보기	리	본	물	가	갈	색
	고	라	니	톱	살	순

㉠ (   )   ㉡ (   )   ㉢ (   )

5. '촉감'의 뜻을 바르게 이해하고 사용한 친구의 이름을 쓰세요. (   )

세은: 어둠 속에서도 잘 볼 수 있는 촉감을 가진 올빼미는 주로 밤 사냥을 해.

진용: 우리 집 강아지는 작은 소리도 무척 잘 듣는 대단한 촉감을 갖고 있어. 그래서 집을 잘 지키나 봐.

동하: 가루로 된 감기약을 먹을 때, 쓴맛의 촉감이 계속 입안에 남기 때문에 사탕이 꼭 필요해.

지환: 냄새만 맡고도 무슨 음식인지 알아맞히는 내 동생은 대단한 촉감을 가졌어.

이안: 무더운 여름날, 맨살에 닿는 차가운 얼음의 촉감은 온몸을 시원하게 만들지.

6. 보기 의 뜻에 해당하는 낱말이 무엇인지 쓰고, 짧은 글을 지어 보세요.

보기   사물이나 장소의 가장 바깥쪽 경계선

① 낱말:

② 짧은 글:

1. 식물, 곤충, 돌 등을 찾아서 모으는 일

2. 하나에서 둘 이상으로 갈라져 나간 부분들

3. 사물이나 장소의 가장 바깥쪽 경계선

4. 잎 가장자리에 나 있는 뾰족뾰족한 모양

5. 무엇이 피부에 닿았을 때의 느낌

6. 물이 흘러가며 내보이는 힘

7. 끝이 뾰족하게 구부러진 물건

❹ 생물의 한살이

사육   허물   대   한살이

암수   탈바꿈   지지대

---

4. 생물의 한살이

'생물의 한살이'에서는 배추흰나비의 성장 과정을 통해 동물의 한살이를 알아보고, 식물의 한살이 과정도 살펴봐요. 이 내용과 관련된 낱말을 먼저 알아보아요.

 천천히 읽어 보아요   잘 모르는 낱말은 낱말, 쉽게 설명할게요 를 참고해요!

오늘은 배추흰나비의 한살이를 관찰하기 위해 사육 상자를 만들 거예요.

이파리 뒤에 애벌레가 움직여!

번데기가 되었어!

허물을 벗고 배추흰나비가 되었어!

배추흰나비가 날아가서 알을 낳아야 자손이 대대로 이어지겠죠? 식물도 마찬가지예요. 한살이 동안 열매를 맺어 씨앗을 남겨요.

내가 알고 있는 낱말에 V 표시하세요.

- ☐ 사육 　 ☐ 허물 　 ☐ 대 　 ☐ 한살이
- ☐ 암수 　 ☐ 탈바꿈 　 ☐ 지지대

사육

뜻 가축이나 짐승을 먹이며 기르는 것
친구 설명 무엇을 위해서 일부러 키우는 것
(활용) 나는 동물에 관심이 많으니까 커서 동물 사육사가 될 거야.

허물

뜻 동물이 완전히 자라기 전까지 벗은 껍질
친구 설명 뱀, 매미 등이 벗는 얇고 불투명한 껍질
(활용) 뱀 허물 벗어 놓듯이 옷을 벗어 놓으면 어떡해!

여기서 잠깐: 허물은 '저지른 잘못'이라는 다른 뜻도 있어요.

대

뜻 한 집안에서 이어 내려오는 혈통
친구 설명 나와 같은 피를 나눈 우리 집안 사람들
(활용) 할아버지, 아버지, 손녀 이렇게 3대가 함께 있는 모습이 좋았다.

여기서 잠깐: 자동차 한 대, 두 대, 세 대처럼 어떤 것을 셀 때도 대를 쓰고, 고구마대, 토란대처럼 식물의 줄기를 나타내기도 해요. 또 5~6 정도를 대여섯이라고 할 때도 쓰입니다.

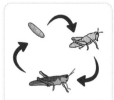

한살이

뜻 생명이 태어나서 죽을 때까지의 전 과정

친구 설명 동식물 새끼가 자라서 새끼를 낳고 늙어서 죽는 인생 전체

활용 곤충의 한살이는 사람의 한살이보다 훨씬 짧다.

여기서 잠깐: 한살이를 하루살이와 헷갈리는 친구들이 종종 있어요. 하루살이는 곤충을 일컫는 말이에요. 그리고 한 해 안에 한살이를 마치고 죽는 것을 한해살이, 여러 해 동안 한살이를 되풀이하는 것을 여러해살이라고 해요.

암수

뜻 동식물의 암컷과 수컷을 합쳐서 이르는 말

친구 설명 남자와 여자를 합해서 부르는 말

활용 연못에서 원앙새 암수 한 쌍이 사이좋게 떠다니고 있다.

탈바꿈

뜻 원래의 모양이나 형태를 바꾸는 것

친구 설명 곤충이 자라면서 모습이 바뀌는 것

활용 와, 너 제대로 탈바꿈했구나. 너무 달라져서 몰라봤네.

여기서 잠깐: 곤충의 탈바꿈은 완전탈바꿈과 불완전탈바꿈이 있어요.

지지대

뜻 식물이나 물건 등이 쓰러지거나 휘어지지 않게 받쳐 주는 것

친구 설명 물건을 받쳐 주거나 고정해 주는 것

활용 고추 줄기가 휘청거려서 지지대를 세우고 줄로 묶었다.

1. 밑줄 친 낱말 중 뜻이 다른 하나를 고르세요. (   )

   ① 매미 허물이 나무 아래 우수수 떨어져 있다.

   ② 길을 가다가 뱀 허물을 보고 깜짝 놀랐다.

   ③ 남의 허물은 잘 보이지만 자기 허물은 잘 보이지 않는 법이다.

   ④ 애벌레는 허물을 여러 차례 벗으면서 점점 커진다.

   ⑤ 우연히 사마귀가 허물을 벗고 나오는 모습을 보게 되었다.

2. 보기 의 글자를 골라 문장에 알맞은 낱말을 쓰세요.

   | 보기 | 탈 | 한 | 홍 | 대 | 살 | 바 | 이 | 꿈 |

   ① 구미호가 휘리릭 재주를 넘어 할머니로 (   )했어.

   ② 배추흰나비의 (   )는 짧아서 사육 상자에서 관찰하기 쉽다.

   ③ 이 보물은 우리 집안에 5 (   )째 내려오는 것으로 아주 귀한 것이다.

3. 한살이의 뜻으로 맞는 것에 ○ 하세요.

　　① 생명이 태어나서 죽을 때까지의 전 과정 (　　　　)

　　② 한 해만 사는 것. 한해살이 (　　　　)

4. 낱말의 뜻을 쓰고 주어진 식물을 알맞게 분류해 보세요.

> 감나무　　　강낭콩　　　옥수수　　　장미
> 봉숭아　　　개나리　　　벼　　　사과나무

· 한해살이 식물

① 뜻:
....

② 식물:
....

· 여러해살이 식물

③ 뜻:
....

④ 식물:
....

5. (　　　　) 안에 공통으로 들어갈 낱말을 쓰세요.

　　우리 아버지는 농장에서 소를 (　　　　)하는 일을 하셔.

　　지저분한 (　　　　)장에서 길러진 개들이 있다는 기사를 보고 마음이
　　아팠어.

　　멸종 위기의 장수하늘소를 인공 (　　　　)에 성공했대.

⇒ ....

6. '대'가　보기　의 뜻처럼 쓰인 것을 고르세요. (　　　　)

　　보기　　　한 집안에서 이어 내려오는 혈통

① 어제 동생과 싸워서 아빠에게 회초리를 3대나 맞았다.

② 우리 집안은 대대로 키가 크다.

③ 할머니께서는 여름에 고구마대를 삶아서 무쳐 주시곤 했다.

④ 가서 옥수수 대여섯 개만 가져와라.

⑤ 나는 열심히 공부해서 한국대에 갈 거야.

7. 밑줄 친 부분을 일컫는 공통된 낱말을 쓰세요.

- 곤충, 새, 물고기와 같은 동물들은 암컷과 수컷을 구별하기 어려운 것이 많다.
- 은행나무는 암나무와 수나무가 따로 있어.

1. 가축이나 짐승을 먹이며 기르는 것

2. 한 집안에서 이어 내려오는 혈통

3. 동식물의 암컷과 수컷을 합쳐서 이르는 말

4. 원래의 모양이나 형태를 바꾸는 것

5. 동물이 완전히 자라기 전까지 벗은 껍질

6. 생명이 태어나서 죽을 때까지의 전 과정

7. 식물이나 물건 등이 쓰러지거나
   휘어지지 않게 받쳐 주는 것

5 물체와 물질

물체	물질	고유(하다)	
성질	금속	광택	고체
액체	기체	상태	공간
부피	용기		

5. 물체와 물질

'물체와 물질'에서는 물체를 이루는 물질이 각각의 성질을 갖고 있으며, 고체, 액체, 기체의 상태로 우리 주변에 있다는 것을 배웁니다. 이 내용과 관련된 낱말을 먼저 알아보아요.

 천천히 읽어 보아요

잘 모르는 낱말은 낱말, 쉽게 설명할게요 를 참고해요!

우리가 만질 수 있는 모든 것은 물체야. 물체는 금속, 나무, 플라스틱과 같은 여러 물질로 만들어져.

물질은 각자 고유한 성질을 가지잖아요.

이것도 아니? 고체와 액체와 기체 말이야.

당연하죠, 물질의 상태에 따라 고체와 액체, 기체로 나뉘잖아요.

고체는 모양이 변하지 않지만 액체는 용기에 따라 모양이 변하고 기체는 눈에 보이지 않지만 풍선을 보면 알 수 있어요.

너 엄청 똑똑하다!

과학 어휘를 공부해서 그래!

반갑다, 새 낱말

내가 알고 있는 낱말에 V 표시하세요.

□ 물체   □ 물질   □ 고유(하다)   □ 성질   □ 금속   □ 광택

□ 고체   □ 액체   □ 기체   □ 상태   □ 공간   □ 부피   □ 용기

낱말, 쉽게 설명할게요

물체

뜻 정해진 모양이 있고 자리를 차지하고 있는 것

친구 설명 어떤 물건, 만질 수 있는 것

활용 교실에 있는 책상, 의자, 칠판은 모두 물체이다.

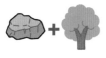

물질

뜻 물체를 만드는 재료

친구 설명 존재하는 모든 것을 이루는 것

활용 물체인 연필을 이루는 물질은 나무와 흑연이다.

고유(하다)

뜻 원래부터 지니고 있는 그것만의 특유한 것

활용 철로 된 물체가 자석에 붙는 것은 자석의 고유한 성질이다.

뜻 물건이 가지고 있는 특징이나 성격

친구 설명 무언가의 특징

활용 고무는 늘어나는 성질을 갖고 있고, 우리 엄마는 잔소리하는 성질을 갖고 있어.

여기서 잠깐: 플라스틱은 단단하고 가벼워 다양한 모양으로 만들기 쉬워요. 그래서 장난감이나 생활용품들이 플라스틱으로 만들어집니다. 나무는 단단하고 물에 뜨며 자연스러운 향과 무늬가 있어 가구를 만드는 데 이용되며, 고무는 쉽게 구부러지고 물에 잘 젖지 않는 성질을 갖고 있어 고무줄, 타이어, 고무장갑 등으로 만들어집니다. 유리는 투명하고 잘 닦이는 성질을 가지고 있어 다양한 그릇의 재료로 사용되며, 종이는 가볍고 유연해서 책이나 공책의 재료가 됩니다.

뜻 철과 같이 딱딱하고 광택이 나기도 하는 물질

친구 설명 철, 쇠와 같은 것

활용 금속 중에서 철과 쇠는 같은 말이야.

뜻 물체의 겉에서 반짝거리는 빛

친구 설명 윤이 반짝반짝 나는 것

활용 아빠 차는 매일 세차를 해서 그런지 광택이 끝내줘.

뜻 단단하여 모양이 변하지 않는 것

친구 설명 손에 잡을 수 있고 담는 그릇이 달라져도 모양이 변하지 않는 것

활용 냉동실에 들어 있는 얼음은 고체야.

액체

뜻 물처럼 담는 그릇에 따라 모양이 변하며 흘러내리는 것
친구 설명 들어가는 그릇에 따라 모양은 변하지만 양은 변하지
않고 물처럼 흐르는 것
활용 얼음이 녹으면 액체가 되지.

기체

뜻 공기처럼 정해진 모양이 없고 그릇에 담을 수 없는 것
친구 설명 모양이 없어 자유롭게 움직이고 손에 잡히지 않는 것
활용 물이 끓으면 나오는 수증기는 기체야.

상태

뜻 평소 모양이나 상황
친구 설명 지금 물건이 보여 주는 모양
활용 책상 상태가 엉망이라고 엄마한테 잔소리를 들었지 뭐야.

공간

뜻 아무것도 없는 빈 곳
친구 설명 물건이 들어 있지 않은 비어 있는 곳이나 자리
활용 우리 학교는 친구들과 마음 놓고 뛰어놀 공간이 없어.

여기서 잠깐: '공간'과 '부피'가 헷갈리는 경우가 있어요. 공간을 채우는 크기나 양을 부
피라고 생각하면 이해가 잘되겠죠? 비어 있는 물병 안을 공간이라고 하고 그곳에 물을
채우면 물의 부피가 생기는 거예요.

뜻 빈 공간을 채우는 크기, 또는 공간을 가득 채우는 양

친구 설명 어떤 물체가 차지하는 공간의 크기

활용 부피가 큰 인형을 가방에 넣느라고 한참 고생했어.

부피

뜻 물건을 담는 그릇

활용 환경을 위해 쓰던 용기를 가져가면 샴푸를 덜어서 파는 가게들이 생겨났어.

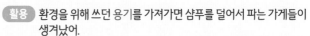

여기서 잠깐: 용기에는 '물건을 담는 그릇'이라는 뜻 말고도 '씩씩하고 굳센 기운으로 어떤 일을 겁내지 않는 마음가짐'이라는 뜻도 있어요.

용기

✓ 낱말, 확인해 보아요

1. 물체와 물질에 대해 바르게 설명한 것을 모두 고르세요. (   )

① 물질은 물체를 만드는 재료이다.

② 물체에는 고무, 나무, 금속, 섬유가 있다.

③ 연필은 물질이고 연필의 재료인 나무는 물체이다.

④ 물체는 모양이 있고 자리를 차지하는 모든 것을 말한다.

⑤ 빵이 물체라면 빵을 만드는 재료인 밀가루, 우유, 버터는 물질이다.

2. 물질의 종류에 따른 성질을 바르게 연결하세요.

① 고무 •

② 금속 •

③ 나무 •

④ 플라스틱 •

• ㉠
쉽게 휘며 물에
젖지 않는다.

• ㉡
단단하고 물에 뜨며,
향과 무늬가 있다.

• ㉢
단단하고 광택이 있으며,
물에 넣으면 가라앉는다.

• ㉣
단단하고 가벼워서 다양한
모양으로 만들기 쉽다.

3. 다음은 '성질'의 여러 가지 뜻입니다. 밑줄 친 부분이 어떤 뜻으로 쓰였는지
   알맞은 기호를 쓰세요.

㉠ 사람이 지닌 마음의 본바탕   ㉡ 사물이나 현상이 가지고 있는 원래 특성

① 기름과 물은 섞이지 않는 성질이 있어. (   )

② 너 그 성질 좀 죽여. 그러다가 큰일 난다. (   )

③ 백설공주의 새엄마는 성질이 고약하고 질투심이 많아. (   )

④ 섬유는 부드럽고 물에 잘 젖어서 옷감에 알맞은 성질을 갖고 있어. (   )

61

4. 보기 를 보고 (   ) 안에 공통으로 들어갈 낱말을 고르세요. (   )

> **보기**
>
> 우리 민족은 옛날부터 (   )한 언어, 의상, 풍습을 갖고 있다.
> 사람들은 저마다 (   )한 성질을 갖고 있다.
> 담는 그릇에 따라 모양이 변하는 것은 액체의 (   )한 특징이다.

① 고유   ② 성질   ③ 상태   ④ 비교   ⑤ 금속

5. 보기 의 낱말 뜻을 보고 알맞은 낱말을 글자판에서 찾아 색칠하세요.

> **보기**
>
> ① 물체를 만드는 재료
> ② 물건이 가지고 있는 특징
> ③ 철과 같이 딱딱하고 광택이 나기도 하는 물질

광	택	금	속	액
속	설	계	고	체
분	식	기	준	상
류	료	성	유	태
체	물	질	리	공

6. '광택'이라는 낱말이 잘못 쓰인 문장은 어느 것인가요? (   )

① 구두를 열심히 닦았더니 반짝반짝 광택이 난다.

② 밥을 잘 먹고 잘 쉬어서 그런지 피부에서 광택이 나.

③ 엄마 목소리는 옥구슬이 굴러가는 것처럼 광택이 나.

④ 귀한 보석인데 아무렇게나 팽개쳐 두었더니 광택을 잃었어.

⑤ 우리 아빠는 그릇에서 광택이 날 정도로 깨끗하게 설거지를 해.

7. 보기 의 글자들을 모아서 (   ) 안에 알맞은 낱말을 쓰세요.

보기   부   기   상   체
       고   피   태   용   액

① 평소 모양이나 상황 (   )

② 공기처럼 정해진 모양이 없고 그릇에 담을 수 없는 것 (   )

③ 빈 공간을 채우는 크기, 또는 공간을 가득 채우는 양 (   )

8. 사전에서 '용기'라는 단어를 찾아보았습니다. 아래 사전에서 돋보기로 확대한 뜻과 같은 낱말을 사용한 친구를 고르세요. (   )

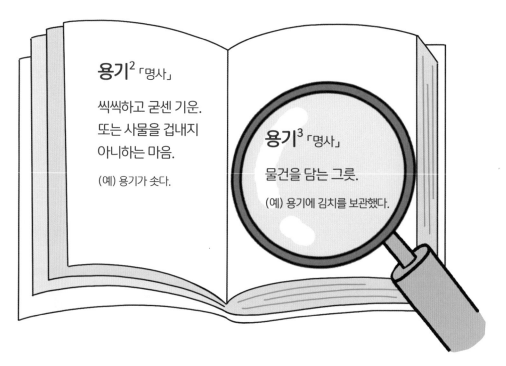

① **서진**: 넌 할 수 있어, 용기를 내서 다시 도전해 보자!

② **윤서**: 먹다 남은 반찬을 용기에 담아 냉장고에 넣었어.

③ **정호**: 이 친구는 나에게 희망과 용기를 불어넣어 주었어.

④ **민하**: 선생님께 사실대로 말할 용기가 나지 않아.

⑤ **은성**: 우리는 어려운 일이 있어도 용기를 잃지 말아야 해.

9. 그림과 낱말을 알맞게 이어 보세요.

ㄱ 기체   ㄴ 고체   ㄷ 액체

①   ②   ③

10. 다음 문장에 어울리는 낱말을 골라 ○ 하세요.

① 엄마가 내 방의 빈 (부피 / 공간)에 예쁜 화분을 새로 놓아 주셨다.

② 날씨가 따뜻해져 (부피 / 공간)이/가 큰 솜이불을 장롱에 넣었다.

③ 네 가방에 (부피 / 공간)이/가 남으면 내 책도 좀 넣어 줄래?

1. 정해진 모양이 있고 자리를 차지하고 있는 것

2. 물체의 겉에서 반짝거리는 빛

3. 원래부터 지니고 있는 그것만의 특유한 것

하다

4. 물건이 가지고 있는 특징이나 성격

5. 철과 같이 딱딱하고 광택이 나기도 하는 물질

6. 물체를 만드는 재료

7. 공기처럼 정해진 모양이 없고 그릇에 담을 수 없는 것

8. 평소 모양이나 상황

9. 단단하여 모양이 변하지 않는 것

10. 물처럼 담는 그릇에 따라 모양이 변하며 흘러내리는 것

11. 아무것도 없는 빈 곳

12. 물건을 담는 그릇

13. 빈 공간을 채우는 크기, 또는 공간을 가득 채우는 양

6 지구와 바다

대기	표면	지형	침식
운반	퇴적	빙하	갯벌
가파르다	편평하다	탐사	

6. 지구와 바다

'지구와 바다'에서는 육지와 바다의 모습을 살펴보면서 육지와 바다의 다른 점을 배우고 들, 강, 호수, 사막, 빙하와 같은 다양한 지구 표면을 관찰해 봅니다. 이 내용과 관련된 낱말을 먼저 알아보아요.

⭐ 천천히 읽어 보아요

잘 모르는 낱말은 🗨️ 낱말, 쉽게 설명할게요 를 참고해요!

내가 알고 있는 낱말에 V 표시하세요.

☐ 대기   ☐ 표면   ☐ 지형   ☐ 침식   ☐ 운반   ☐ 퇴적   ☐ 빙하

☐ 갯벌   ☐ 가파르다   ☐ 편평하다   ☐ 탐사

낱말, 쉽게 설명할게요

대기

뜻 지구 바깥을 둘러싸고 있는 공기층

활용 드디어 우주선이 대기권을 벗어나 지구 밖으로 날아갔다.

여기서 잠깐: 대기는 공기층이라는 뜻 말고 '자기 순서나 차례가 오기를 기다리다'라는 뜻도 있어요. 예를 들어 '간호사가 내 이름을 부를 때까지 진료실 밖에서 대기했다.'라고 쓰이기도 하지요.

표면

뜻 사물을 둘러싸고 있는 가장 바깥 부분

활용 컵 표면에 물방울이 맺혔는데, 어디서 온 거지?

지형

뜻 땅의 모양, 땅의 생김새

활용 지구상에는 산, 평야, 해안 등 다양한 지형이 있어.

침식

뜻 물이나 바람 등이 땅이나 돌을 깎는 것
친구 설명 물이나 바람이 땅이나 바위를 부수는 것
활용 바닷가 침식으로 동해안 모래사장이 사라지고 있어.

운반

뜻 물건 따위를 옮겨 나르는 것
친구 설명 강물이나 바람이 흙, 모래 등을 옮기는 것
활용 이삿짐 운반할 사람이 많이 필요해.

퇴적

뜻 자갈, 모래, 흙 등이 한곳에 쌓이는 것
친구 설명 찌꺼기가 쌓이는 것, 흙이 쌓이는 것
활용 바닷속에 퇴적된 미세 플라스틱이 바다를 오염시키고 있어.

여기서 잠깐: 흐르는 물이나 바람은 바위나 돌을 깎아 내거나(침식), 작은 돌이나 흙을 아래로 내려보내고(운반), 쓸려 온 흙을 쌓기도(퇴적) 해요.

빙하

뜻 오랫동안 녹지 않고 생긴 거대한 얼음덩어리
활용 지구 온난화로 인해 남극과 북극의 빙하가 점점 녹고 있다고 해.

갯벌

뜻 바닷물이 들어올 때는 잠기고 나갈 때는 밖으로 드러나는 진흙으로 된 땅

친구 설명 바닷물이 빠지고 나면 생기는 진흙땅

활용 지난 주말에는 가족과 함께 갯벌로 조개를 캐러 갔어.

여기서 잠깐: 바닷물이 밀려와 해수면이 올라가는 것을 밀물, 바닷물이 빠져나가 해수면이 내려가는 것을 썰물이라고 해요. 갯벌은 썰물 때 볼 수 있어요.

가파르다

뜻 산이나 길이 매우 기울어진 상태

친구 설명 경사가 급하다, 심하게 기울어 올라가기 힘든 것

활용 가파른 산을 힘들게 올라가 정상에 도착했어.

편평하다

뜻 땅 같은 것이 넓고 고른 것

활용 산 위에 올라 편평한 들을 내려다보니 가슴이 확 트이는구나!

여기서 잠깐: 편평하다와 평평하다는 울퉁불퉁지 않고 고르다는 뜻을 가지고 있지만, 편평하다는 고르다는 뜻과 더불어 넓다라는 의미가 포함되어 있어요.

탐사

뜻 잘 알려지지 않은 무언가를 찾아내고 밝혀내기 위해 자세히 조사함

친구 설명 어느 곳을 자세히 살펴보는 것

활용 신비로운 우주를 탐사하기 위해 우주선을 발명했다.

1. 낱말의 뜻을 바르게 설명한 것을 고르세요. (   )

　　① **갯벌**: 바닷물이 들어올 때는 잠기고 나갈 때는 밖으로 드러나는 진흙으로 된 땅

　　② **밀물**: 바닷물이 빠져나가 해수면이 내려가는 것

　　③ **가파르다**: 기울어지지 않고 평평한 상태

　　④ **지형**: 사물을 둘러싸고 있는 가장 바깥 부분

　　⑤ **썰물**: 바닷물이 밀려와 해수면이 올라가는 것

2. 다음 뜻에 알맞은 공통된 낱말을 쓰고, 각각의 뜻에 맞게 짧은 글을 지어 보세요.

공통된 낱말 (　　　　　　　)

① 뜻: 지구 바깥을 둘러싸고 있는 공기층

짧은 글:

....

....

② 뜻: 차례나 때를 기다리다

짧은 글:

....

....

3. 다음 뜻을 가지고 있는 낱말에 ○ 하세요.

사물을 둘러싸고 있는 가장 바깥 부분

표현   표정
          표면
    표지   표범

4. 낱말의 뜻이 알맞게 이어지도록 연결하세요.

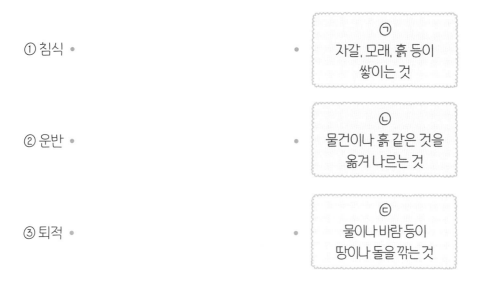

① 침식 •   • ㉠
                        자갈, 모래, 흙 등이
                        쌓이는 것

② 운반 •   • ㉡
                        물건이나 흙 같은 것을
                        옮겨 나르는 것

③ 퇴적 •   • ㉢
                        물이나 바람 등이
                        땅이나 돌을 깎는 것

5. 다음은 기사의 한 부분입니다. (   ) 안에 공통으로 들어갈 낱말을 쓰
  세요.

지구 온난화로 (   ) 녹아내려

지구 온난화가 갈
수록 심각해지고
있어서 북극과 남
극의 자연환경이
많이 변하고 있습
니다. 특히, 북극
의 (   )

가 녹아내리고 있어 북극뿐만 아니라 전 세계의 생태계도 위험
에 처했습니다. (   )가 녹아내리면 전 세계는 홍수가 날
수도 있으며 (   ) 위에서 생활하는 북극곰이 위험에 처
하게 됩니다. 지구 온난화를 막기 위한 노력이 필요한 때입니다.

....

6. 밑줄 친 낱말을 대신할 수 있는 말을 보기 에서 찾아 쓰세요.

> **보기**
>
> 대기   가파르게   탐사
>
> 상상   평평하게

① 허클베리 핀은 친구들과 무인도 탐험을 하기로 했다. ⬭

② 미술 시간에 찰흙을 편평하게 만들었다. ⬭

낱말, 정리해 보아요

1. 땅 같은 것이 넓고 고른 것

하다

2. 바닷물이 들어올 때는 잠기고 나갈 때는 밖으로 드러나는 진흙으로 된 땅

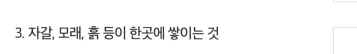

3. 자갈, 모래, 흙 등이 한곳에 쌓이는 것

4. 물이나 바람 등이 땅이나 돌을 깎는 것

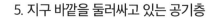

5. 지구 바깥을 둘러싸고 있는 공기층

6. 물건 따위를 옮겨 나르는 것

7. 오랫동안 녹지 않고 생긴 거대한 얼음덩어리

8. 땅의 모양, 땅의 생김새

9. 산이나 길이 매우 기울어진 상태

10. 잘 알려지지 않은 무언가를 찾아내고 밝혀내기 위해 자세히 조사함

11. 사물을 둘러싸고 있는 가장 바깥 부분

7 소리의 성질

전달	(소리의) 세기
(소리의) 높낮이	(소리의) 반사
소리굽쇠	음판	방음벽

7. 소리의 성질

'소리의 성질'에서는 소리의 여러 성질과 소음을 줄이는 방법에 대해 배워요. 이 내용과 관련된 낱말을 먼저 알아보아요.

⭐ **천천히 읽어 보아요**   잘 모르는 낱말은 🗨️ **낱말, 쉽게 설명할게요** 를 참고해요!

오늘은 실로폰을 연주할게요. 방음벽이 없으니까 실로폰 세기를 적당히 조절해서 쳐 볼까요?

네!

실로폰은 긴 음판을 치면 낮은 소리가 나고 짧은 음판을 치면 높은 소리가 나요.

나는 세게 쳐야지!

선생님, 민준이가 실로폰 너무 세게 쳐서 음판이 부서질 것 같아요!

세게 치니까 신나는데……

민준아, 선생님 소리가 반사되어 전달이 잘 안 된 거니? 세기 조절해서 쳐야지.

82

내가 알고 있는 낱말에 V 표시하세요.

☐ 전달   ☐ (소리의) 세기   ☐ (소리의) 높낮이   ☐ (소리의) 반사

☐ 소리굽쇠   ☐ 음판   ☐ 방음벽

낱말, 쉽게 설명할게요

전달

뜻 물건이나 사람의 말을 전하는 일, 자극이나 신호가 다른 곳으로 전하여짐

친구 설명 무엇을 통해서 전하는 것

활용 마이크를 이용하면 큰 소리로 전달돼요.

(소리의) 세기

뜻 소리의 강하고 약한 정도

친구 설명 소리의 크고 작음

활용 상황에 따라서 소리의 세기는 달라져.

(소리의) 높낮이

뜻 소리의 높고 낮은 정도

친구 설명 소리의 높은음과 낮은음

활용 높낮이가 다른 소리가 합쳐져 멋진 합창이 되었다.

(소리의) 반사

뜻 앞으로 나아가던 소리가 물체에 부딪쳐 다른 방향으로 가는 것

활용 산에 올라가 "야호!"라고 소리치니 소리가 반사되어 메아리로 돌아왔다.

소리굽쇠

뜻 U자 모양의 쇠막대로 일정한 진동수의 소리를 내는 기구

친구 설명 막대로 치면 소리가 나는 것

활용 소리가 나는 소리굽쇠에 손을 대 보면 떨림이 느껴져.

여기서 잠깐: U자 모양처럼 쇠가 구부러져 있어서 소리굽쇠라고 해요. 막대로 소리굽쇠를 치면 소리가 나지요.

음판

뜻 떨리면서 소리가 나는 쇠나 나무판

친구 설명 실로폰처럼 쳤을 때 소리를 내는 나무나 쇠붙이 조각

활용 실로폰의 긴 음판을 치면 낮은음이 난다.

여기서 잠깐: 실로폰은 길이가 다른 음판들을 막대로 쳐서 소리를 내는 악기예요.

방음벽

뜻 소리를 막기 위해 만든 벽

친구 설명 시끄러운 소리가 퍼지는 것을 막아 주는 벽

활용 우리 집 근처 공사장에는 방음벽이 세워져 있다.

1. 그림을 보고 빈칸에 어울리는 낱말을 쓰세요. (   )

야, 내 목소리 잘 들려?

어, 잘 들려. 목소리가 잘 (   )되고 있어!

2. 다음 문장의 빈칸에 들어갈 알맞은 낱말을 보기 에서 찾아 쓰세요.

보기   ㉠ 반사   ㉡ 높낮이   ㉢ 세기   ㉣ 음판

① 북을 세게 치면 큰 소리가 나고 약하게 치면 작은 소리가 나는데 이렇게 소리의 크고 작은 정도를 소리의 (   )라고 합니다.

② 합창을 할 때는 소리의 (   )를 다르게 하여 노래를 부릅니다.

③ 동굴에서 소리를 내면 소리가 동굴의 딱딱한 벽에 부딪쳐 (   )되어 메아리가 생깁니다.

3. 그림처럼 시끄러운 소리를 막기 위해 만든 벽을 무엇이라고 할까요?

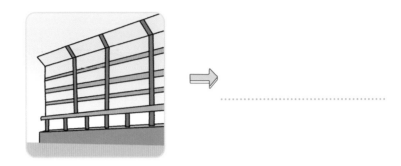

4. 보기 의 낱말 뜻을 보고 뜻에 알맞은 낱말을 가로세로 글자판에서 찾아 묶어 보세요.

보기
① U자 모양의 쇠막대로 일정한 진동수의 소리를 내는 기구
② 떨리면서 소리가 나는 쇠나 나무판
③ 소리를 막기 위해 만든 벽
④ 물건이나 사람의 말을 전하는 일

소	세	기	수
리	방	전	달
굽	음	판	이
쇠	벽	반	사

5. 밑줄 친 낱말을 바르게 사용한 친구의 이름을 쓰세요.

유진: 목욕탕에서 소리를 내면 소리가
목욕탕의 벽에 부딪쳐 반사되어 울려.

찬영: 북을 세게 치거나 약하게 쳐서 소리의
높낮이를 달리해 연주할 수 있어.

지원: 합창을 할 때는 목소리의 음판을
다르게 해 아름다운 소리를 낼 수 있어.

➡ ···

낱말, 정리해 보아요

1. 소리를 막기 위해 만든 벽

2. 소리의 강하고 약한 정도

소리의

3. 소리의 높고 낮은 정도

소리의

4. 앞으로 나아가던 소리가 물체에 부딪쳐 다른 방향으로 가는 것

소리의

5. U자 모양의 쇠막대로 일정한 진동수의 소리를 내는 기구

6. 떨리면서 소리가 나는 쇠나 나무판

7. 물건이나 사람의 말을 전하는 일

⑧ 감염병과 건강한 생활

감염병	전염	유행	
병원체	증상	접촉	
예방	수칙	방역	
오염	비말	환기	격리

8. 감염병과 건강한 생활

'감염병과 건강한 생활'에서는 감염병이 무엇인지, 감염병의 위험성과 우리의 건강을 위해 감염병을 예방하는 방법에 대해서 배워요. 이 내용과 관련된 낱말을 먼저 알아보아요.

⭐ **천천히 읽어 보아요**

잘 모르는 낱말은 🟠 **낱말, 쉽게 설명할게요** 를 참고해요!

으악! 넌 누구야?

후훗, 나로 말하자면 코로나19 감염병을 일으키는 병원체! 코로나 바이러스님이다!

뭐라고? 에잇! 창문 열고 빨리 환기시켜야지! 얼른 나가라 바이러스!

쯧쯧쯧쯧, 이미 늦었어. 너와 낮에 접촉했던 네 친구가 열나고 기침하는 증상 못 봤어?

그게 왜? 내가 그 친구에게 전염됐다는 소리야?

정답! 그 친구는 코로나19에 걸렸어. 하지만 집에서 격리하라는 방역 수칙을 어기고 나온 거야.

걘 마스크도 쓰고 있었단 말이야.

그 마스크는 여러 번 써서 이미 오염되어 있었어. 게다가 놀면서 덥다고 마스크를 벗어서 너에게 비말이 튀었을걸? 앞으로는 조심해!

으앙, 어떡해.

반갑다, 새 낱말

내가 알고 있는 낱말에 V 표시하세요.

☐ 감염병　　☐ 전염　　☐ 유행　　☐ 병원체　　☐ 증상　　☐ 접촉

☐ 예방　　☐ 수칙　　☐ 방역　　☐ 오염　　☐ 비말　　☐ 환기　　☐ 격리

낱말, 쉽게 설명할게요

감염병

뜻 병원체가 우리 몸에 들어와 일으키는 병

활용 독감, 수두, 코로나19는 다 감염병이야. 감염병에 걸리면 위험할 수도 있으니 걸리지 않게 조심해야 해.

전염

뜻 병이 남에게 옮는 것, 병원체가 다른 생물체에 옮겨 가는 것

친구 설명 한 사람이 병에 걸려서 다른 사람도 병에 걸리는 것

활용 기침이 나오면 마스크를 쓰든지 입을 좀 가려 주겠니? 너한테 감기가 전염될 것 같단 말이야.

유행

뜻 많은 사람이 감염병에 걸리면서 널리 퍼지는 것

친구 설명 그 시대에 많은 사람들이 잘 아는 것

활용 코로나19가 처음 유행했을 때 학교에도 잘 못 가고 온라인으로 수업을 많이 했었지.

여기서 잠깐: 유행은 꼭 감염병이 퍼지는 의미만 있는 것은 아니랍니다. 어떠한 특정한 것이 인기를 얻어 많은 사람들이 따라 하여 퍼지는 것도 유행이라고 할 수 있지요.

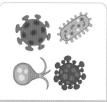

병원체

뜻 세균이나 바이러스와 같이 사람이나 동물, 식물의 몸에 들어가 병을 일으키는 원인이 되는 것

친구 설명 병을 일으키는 것들

활용 병을 일으키는 병원체는 우리 눈에 보이지 않습니다.

증상

뜻 병을 앓을 때 나타나는 여러 가지 상태나 모양

활용 독감에 걸리면 발열, 기침, 코 막힘 등의 다양한 증상이 나타납니다.

접촉

뜻 어떤 것이 다른 것과 맞붙어서 닿거나 서로 영향을 주고받는 것

친구 설명 친구와 손을 잡는 것처럼 사물이나 사람이 서로 닿는 것

활용 다른 사람의 허락 없이 손을 잡거나 어깨동무를 하는 접촉을 하면 안 됩니다.

예방

뜻 병이나 사고가 발생하지 않도록 미리 대비하여 막는 것

친구 설명 병에 걸리지 않기 위해 미리 주사를 맞거나 다른 노력을 하는 행동

활용 손을 비누로 깨끗이 씻는 것은 감염병을 예방하는 데 도움이 됩니다.

수칙

뜻 어떤 일이나 행동에 관하여 지켜야 할 사항을 정한 규칙이나 약속

활용 물놀이를 할 때는 안전 수칙을 잘 지켜야 합니다.

뜻 감염병이 발생하거나 유행이 되는 것을 미리 막는 것

활용 OO 지역에 아프리카 돼지 열병이 발생하여 방역을 위해 최선을 다하고 있습니다.

방역

뜻 물이나 공기, 주변 환경이 더러워지거나 해로운 물질에 물드 는 것

활용 옷을 빨면 옷에 묻은 각종 오염을 없애 깨끗하게 만들어 줍니다!

오염

뜻 말이나 기침을 할 때 우리 몸의 코나 입에서 나오는 작은 물 방울

활용 지하철에서 어떤 사람이 비말을 엄청 튀기면서 전화를 해서 기분 이 나빴어.

비말

뜻 탁한 공기를 맑은 공기로 바꾸는 것

활용 창문 열어. 네 방귀 냄새 때문에 환기해야겠어!

환기

뜻 다른 사람과 만나지 못하게 그 사이를 막거나 떼어 놓는 것

활용 교도소는 범죄를 저지른 사람들을 격리하는 곳이야.

격리

1. 이 낱말을 본 친구들은 다음과 같이 설명했어요. 친구들이 설명하고 있는 낱
말을 쓰고 그 뜻을 가장 잘 알고 있는 친구의 이름을 쓰세요.

> **수현:** 이것은 병원 전체를 말하는 것 같아.
>
> **지호:** 이것은 병원에서 사용하는 글씨체를 말하는 것 같아.
>
> **수아:** 이것은 세균처럼 우리 몸에 병을 일으키는 것을 말하는 것 같아.

① 낱말: ....

② 의미를 가장 잘 알고 있는 친구: ....

2. 뜻에 알맞는 낱말이 무엇인지 써 보고 세 낱말에 공통으로 들어가는 글자를
찾아보세요.

① 병원체가 우리 몸에 들어와 일으키는 병

② 병이 남에게 옮는 것

③ 물이나 공기, 주변 환경이 더러워지거나 해로운 물질에 물드는 것

④ 공통으로 들어가는 글자

3. 보기 의 글자들을 모아서 빈칸에 알맞은 낱말을 쓰세요.

보기	비	환	접	예	격
	촉	방	리	말	기

① 기침을 할 때는 (　　　　　　)이 튈 수 있으니 입을 가리고 해야겠어.

② 이게 무슨 냄새야? 창문을 활짝 열고 (　　　　　　)을/를 시키자.

③ 친구의 허락 없이 함부로 손을 잡는 (　　　　　　)을/를 하면 안 돼.

④ 독감을 (　　　　　　) 하려고 어제 주사를 맞았어.

⑤ 코로나19에 걸린 아빠를 엄마가 방에 (　　　　　　) 시켜서 아빠가 보고 싶어.

4. 다음 문장에 어울리는 낱말을 골라 ○ 하세요.

① 감기에 걸리면 열도 나고 기침도 나는 것처럼 여러 (증상 / 생각)이 나타난다.

② 감염병이 유행하기 전에 (전염 / 방역)에 힘써야 한다.

5. 친구들의 말에 공통적으로 들어갈 수 있는 알맞은 낱말을 써 보세요.

요즘에 다시 코로나19가 (   )이니까 조심해야겠어.

친구들이 마라탕을 많이 먹는 걸 보니 그 음식이 (   )인가 봐.

⇒ ···

6. 다음 안내문의 제목에서 (?)에 들어갈 낱말과 감염병 예방을 위해 해야 할 일을 한 가지 쓰세요.

감염병 예방을 위한 생활 (?)

감염병은 예방이 가장 중요해요.
감염병 예방을 위해서는
·
·
·

① 낱말: ···

② 감염병 예방을 위해 해야 할 일

···

···

···

1. 병을 앓을 때 나타나는 여러 가지 상태나 모양

2. 병원체가 우리 몸에 들어와 일으키는 병

3. 탁한 공기를 맑은 공기로 바꾸는 것

4. 많은 사람이 감염병에 걸리면서 널리 퍼지는 것

5. 어떤 일이나 행동에 관하여 지켜야 할 사항을 정한 규칙이나 약속

6. 어떤 것이 다른 것과 맞붙어서 닿거나 서로 영향을 주고받는 것

7. 병이나 사고가 발생하지 않도록 미리 대비하여 막는 것

8. 세균이나 바이러스와 같이 사람이나 동물, 식물의 몸에 들어가 병을 일으키는 원인이 되는 것

9. 감염병이 발생하거나 유행이 되는 것을 미리 막는 것

10. 병이 남에게 옮는 것, 병원체가 다른 생물체에 옮겨 가는 것

11. 말이나 기침을 할 때 우리 몸의 코나 입에서 나오는 작은 물방울

12. 물이나 공기, 주변 환경이 더러워지거나 해로운 물질에 물드는 것

13. 다른 사람과 만나지 못하게 그 사이를 막거나 떼어 놓는 것

정답

❶ 힘과 우리 생활

〈낱말, 확인해 보아요〉

1. 저울

2. ① ③ ④

3. ④

땅에 묻혀 있고 밟으면 폭발하는 무기는 '지뢰'예요.

4. 용수철저울

5. ⑤

6. ③ ④

7. 지환, 동하

8. ② ④ ⑤

9. 예) 너와 나의 몸무게를 비교하려면 어떤 도구를 사용해야 할까?

〈 낱말, 정리해 보아요 〉

1. 도구

2. 현상

3. 무게

4. 용수철저울

5. 비교

6. 저울

7. 수평

8. 조절

9. 지레

10. 빗면

11. 경사

❷ 동물의 생활

〈낱말, 확인해 보아요〉

1. ① ③

2. 예지, 준우

3. ① 도감   ② 환경   ③ 설계

4. ㉠ 생활 방식   ㉡ 극지방   ㉢ 모방

5. ①

6. 예) 동물의 특징을 이용한 물건을 설계하기 위해 도감에서 동물들의 생활 방식을 찾아보았습니다.

〈 낱말, 정리해 보아요 〉

1. 환경

2. 극지방

3. 모방

4. 적합

5. 생활 방식

6. 설계

7. 도감

8. 용도

❸ 식물의 생활

〈낱말, 확인해 보아요〉

1. ㉠ 잎맥 ㉡ 잎몸 ㉢ 잎자루

2. 채집

3. ① ⑤

4. ㉠ 갈고리 ㉡ 물살 ㉢ 톱니

5. 이안

6.

① 낱말: 가장자리

② 짧은 글: 예) 고소 공포증이 있어서 옥상 가장
　　　　　　　자리로 가면 다리가 후들거린다.

〈 낱말, 정리해 보아요 〉

1. 채집

2. 갈래

3. 가장자리

4. 톱니

5. 촉감

6. 물살

7. 갈고리

❹ 생물의 한살이

〈낱말, 확인해 보아요〉

1. ③

2. ① 탈바꿈 ② 한살이 ③ 대

3. ①

4.

① 한 해 안에 한살이를 마치고 죽는 식물

② 강낭콩, 옥수수, 봉숭아, 벼

③ 여러 해 동안 한살이를 되풀이하는 식물

④ 사과나무, 감나무, 개나리, 장미

5. 사육

6. ②

7. 암수

〈 낱말, 정리해 보아요 〉

1. 사육

2. 대

3. 암수

4. 탈바꿈

5. 허물

6. 한살이

7. 지지대

❺ 물체와 물질

⟨낱말, 확인해 보아요⟩

1. ① ④ ⑤

2. ①-㉠, ②-㉢, ③-㉡, ④-㉣

3. ① ㉡ ② ㉠ ③ ㉠ ④ ㉡

4. ①

5.

광	택	금	속	액
속	설	계	고	체
분	식	기	준	상
류	료	성	유	태
체	물	질	리	공

6. ③ '광택'은 물체의 겉에서 반짝거리는 빛을 뜻하므로, 목소리에서는 광택이 날 수 없습니다.

7. ① 상태 ② 기체 ③ 부피

8. ②   9. ㉠-②, ㉡-③, ㉢-①

10. ① 공간 ② 부피 ③ 공간

⟨ 낱말, 정리해 보아요 ⟩

1. 물체

2. 광택

3. 고유

4. 성질

5. 금속

6. 물질

7. 기체

8. 상태

9. 고체

10. 액체

11. 공간

12. 용기

13. 부피

❻ 지구와 바다

⟨낱말, 확인해 보아요⟩

1. ①

2. 공통된 낱말: 대기

① 예) 지구는 대기가 있지만 달에는 대기가 없어 생명이 살 수 없다.

② 예) 코로나 검사를 하러 갔는데 대기 줄이 엄청 길었다.

3. 표면

4. ①-㉢, ②-㉡, ③-㉠

5. 빙하

6. ① 탐사 ② 평평하게

⟨ 낱말, 정리해 보아요 ⟩

1. 편평

2. 갯벌

3. 퇴적

4. 침식

5. 대기

6. 운반

7. 빙하

8. 지형

9. 가파르다

10. 탐사

11. 표면

❼ 소리의 성질

〈낱말, 확인해 보아요〉

1. 전달

2. ①-ⓒ, ②-ⓛ, ③-㉠

3. 방음벽

4. ① 소리굽쇠 ② 음판 ③ 방음벽 ④ 전달

5. 유진

〈 낱말, 정리해 보아요 〉

1. 방음벽

2. 세기

3. 높낮이

4. 반사

5. 소리굽쇠

6. 음판

7. 전달

❽ 감염병과 건강한 생활

〈낱말, 확인해 보아요〉

1. ① 병원체 ② 수아

2. ① 감염병 ② 전염 ③ 오염 ④ 염

3. ① 비말 ② 환기 ③ 접촉 ④ 예방 ⑤ 격리

4. ① 증상 ② 방역

5. 유행

6.

① 수칙

② 예) 기침 예절을 지킨다. 외출 후 손과 발을 비누로 깨끗이 씻는다. 음식을 잘 익혀 먹는다. 예방 접종을 한다 등

〈 낱말, 정리해 보아요 〉

1. 증상

2. 감염병

3. 환기

4. 유행

5. 수칙

6. 접촉

7. 예방

8. 병원체

9. 방역

10. 전염

11. 비말

12. 오염

13. 격리

〈낱말, 쉽게 찾아요〉